lasca de breu

lasca de breu

Guilherme Delgado

EDITOR
Renato Rezende

IMAGEM DA CAPA
Mark Rothko
Sem Título, 1967 (detalhe)
Tinta acrílica sobre papel
apoiado em compensado de madeira

PROJETO GRÁFICO
Tiago Gonçalves

DADOS INTERNACIONAIS DE CATALOGAÇÃO NA PUBLICAÇÃO (CIP)
(CÂMARA BRASILEIRA DO LIVRO - SP, BRASIL)

DELGADO, GUILHERME
    CADERNOS DE ARTISTA
    1ª ED. - RIO DE JANEIRO: EDITORA CIRCUITO, 2017
ISBN 978-85-9582-002-9
1. POESIA BRASILEIRA 2. LITERATURA CONTEMPORÂNEA
13-09944   CDD-B869.1

ÍNDICES PARA CATÁLOGO SISTEMÁTICO
1. POESIA BRASILEIRA

EDITORA CIRCUITO
www.editoracircuito.com.br

"Um homem é escuro, no meio do luar da lua – lasca de breu"
Guimarães Rosa em Grande Sertão: Veredas

Poemas

- 11 **Anúncio na praça**
- 12 **Circunscrição**
- 13 **Pejo**
- 14 **Filmar a pele**
- 15 **Repetições**
- 16 **Conselho**
- 17 **Tangências**
- 18 **Hipótese**
- 19 **Possível Enredo com Madrepérola**
- 20 **Incerto Soneto**
- 21 **Gaiolas/Pássaros**
- 22 **Homens são feitos de barro**
- 23 **À guisa de explicação**
- 24 **Certa vez,**
- 25 **Sussurro nos olhos**
- 26 **De súbito acordei.**
- 27 **Partes**
- 28 **Desapareci a escrever**
- 29 **Ontem me quis impresso no vapor do banho**
- 30 **A privação é como um rosto**
- 31 **Pés de borboleta**
- 32 **Alvíssaras**

33 **Meteorológico**
34 **Uma dentição surge no meu pé**
35 **Ontem**
36 **M'endereço**
37 **Sentir nas mãos arrependidas carícias**
38 **Suor**
39 **E o idílio pingava-lhe**
40 **Memória**
41 **Enquanto mordia**
42 **A manhã se transforma em Electra**
43 **Manhã de Sol, Vasta Manhã**
44 **Alhures**
45 **Sábado de carnaval**
46 **Escalpelar a neblina**
47 **No rangido dos pássaros**
48 **Todos os ossos como dentes**
49 **Dissecar os ocos**
50 **Esfoliar palimpsestos**
51 **Breve Conto**
52 **Uma mulher**
53 **Alguma Costura**
54 **bati no mundo até que ele virasse mosaico**
55 **Sonhei bastante na minha última insônia**
56 **fissuras**

57 **... que o céu começa logo acima do chão**
58 **A essa urtiga**
59 **Pés**
60 **Valsa**
61 **Cavidade/Caritas**
62 **Há**
63 **Um latifúndio de preguiça**
64 **Lábios e Astrolábios**
65 **Ciente da fugacidade do cão**
66 **Nas estrias**
67 **Levava peças de quebra-cabeça nos bolsos**
68 **Segredaram-lhe**
69 **Apalpou-se**
70 **Todo dia, coloco pedras de gelo em meus sapatos**

Anúncio na praça

folhas coloridas em branco
breve
um rufar de tambores.

Circunscrição

Lê teu mármore branco
teu lápis mole
tua caligrafia
(meus r, s, m e n se parecem um pouco demais).

lê teus livros amarelados
diversos
aguados e solapados

depois ri mansinho
já já te acaricio as pálpebras cheias de tinta

Pejo

Pés percorrem talhos,
dedos crispados em atalhos

Surgem insurgem
Árido e desejo
alguns versos

Filmar a pele,
páramo da carne.
Feito a memória de um desejo
vão.

Repetições

Novas mitologias para o mesmo nome
Novos fôlegos para o mesmo ar
agreste
Novas revoluções para a mesma carne
Num rosto ricto cicatriz
ou sorriso

Conselho

Cesse olhos
Destranque ferrolhos
Dos parapeitos,
vê-se que o céu é oco.

Tangências

sem toque
Mordidas ao vento

cheiros misturados entre as unhas e suas carnes.

Hipótese

Contava o tempo em minuetos.

...

Talvez por isso lhe tenham pintado a cara de arlequim enquanto dormia.

Possível Enredo com Madrepérola

Num estalar de línguas
na ponta dos dedos que roçavam
sob o crepitante vestido
madrepérola

Incerto Soneto

volátil desejo
vontade lampejo
a boca sabota
          e seca.

Gaiolas/Pássaros

Nas carícias e nuvens,
preságios de temporal

Não te esqueças de onde vieste

Homens são feitos de barro
 cidades,
    de concreto.

 hemorragias são difíceis de conter

II) Asfalto e orvalho umedecem unhas e dedos
 - estranhos os trópicos...

III) larvas comem papel
 palavras comem dedos
 poetas coçam as partes

À guisa de explicação

Não era bilhete,
mas tatuagem no corpo de Ícaro.

certa vez,
certa voz
vociferava por ti.

Sussurro nos olhos,
o que vês
é só espelho.
Acima os cílios lhe caem bem e bastante.

De súbito acordei.
Tudo bem,
no verão também há dessas manhãs flamejantes.

Partes

Parte 1 – Matinais
Parte 2 – Vespertinos
Parte 3 – Noturnos

À tarde,
vive-se um pouco:
palitar os dentes,
ganhar e se perder nos sonhos da sesta.

desapareci a escrever.
Também os minotauros não são tão homogêneos assim.

Ontem me quis impresso no vapor do banho.
Se compro uma banheira,
Troco de vida já.

A privação é como um rosto
a peripécia é um resto, um gesto, tuas vestes
Aurora

pés de borboleta
voltando para a colônia

foi-se o tempo dos casulos?
pés de borboleta
voltando para a colônia

foi-se o tempo dos casulos?

Alvíssaras

vísceras no teu subúrbio bem azul
ao redor do teu umbigo bem azul
acima,

    o céu.

Meteorológico

sardas no céu
e o mesmo tato surdo se propagando no ar
acabou março e talvez eu devesse ter ficado em meio às enchentes

Uma dentição surge no meu pé
Uma dentição surge no meu rosto
Uma dentição surge no meu corpo
Me morderam!
Me morderam!

um pouco...

Ontem,
Tatuei um equador no teu dorso.
Quando eu descobrir como se chega lá,
Me emudeço logo, logo.

M'endereço
Sem canil ou apreço
mas não é isso que lhe despeço.
de mim

Sentir nas mãos arrependidas carícias,
quiromancias de dias passados.
Por vir,
um aplauso?

Suor

discorre

escorre

discorre

escorre

discorre

escorre

ampulhetas são difíceis de esconder.

E o idílio pingava-lhe,
escorria-lhe,
tal qual enchente de verões transbordantes.
Num quase silêncio,
ao fundo,
sibilava a serpentina.

Memória

Máquina de fazer horas e linguiças
sob o sol do Largo do Machado.

Enquanto mordia

Pensava que havia homens que tinham morrido por açúcar,
enquanto mordia úmidos lábios com força
enquanto mordia com força úmidos lábios.
os teus?

A manhã se transforma em Electra.

Como? Como? Eles perguntam,
respingados de sol.

Manhã de Sol, Vasta Manhã

Meses esquartejando o fogo.
Desses incêndios de porão.
Varrer as folhas para fora da casa ou do jardim,
que o novo dia já regurgita a manhã.

Alhures,
escrevem-se bestiários úmidos e clarividentes
desses que esgarçam os trópicos

sábado de carnaval

a chuva pegada preenche sulcos e chagas em minha língua

no canto,
poças na lama

Escalpelar a neblina

em sopro

em vão

em valsa

no rangido dos pássaros
eles o esfarelam por lá
pés, pedra, pó
veja! A cidade se rarefez...

todos os ossos como dentes

moer arcadas

feito o ranger do horizonte onde se cuspiria

o pó, o sul?

Dissecar os ocos,
castigar os vazios de pus.
Luz lua lâmpada sol,
à sombra do corpo como cruz.

Esfoliar palimpsestos,
que os insetos se multiplicam em todo lugar.
Feito fósseis.

Breve Conto

Depois do choro,
a fera farejou-lhe o entorno dos olhos
castanhos.

Uma mulher
Um pássaro
Uma estrela
Se voltou?
Não me disseram.

Alguma Costura

Também passei um mês desenhando balões,
e não era agosto.
Também visitei colônias residentes no meu corpo,
e confundi-me com a cor avermelhada dos paralelepípedos.
Também mastiguei chapéus e virei maçãs pelo avesso,
por gosto.
Mas hoje não!

bati no mundo até que ele virasse mosaico

tacitamente,

todas as pedras portuguesas me compreendem

Sonhei bastante na minha última insônia,
sem ser capaz de canção de ninar.
Vamos ficar acordados até o sol nos cegar.

fissuras

dias de paladar alterado
de corpo em sombras
desses de comer até bispo sardinha

... que o céu começa logo acima do chão,
me ensinam quadris e nuvens,
a traçar.

A essa urtiga,
chame-a de Ulisses,
e mande-a viajar.
Prados, subsolos, engasgos, rusgas,
que insistem em coçar.

pés,
solúveis em água.
cabelos,
solúveis em água.
Palmas escalpeladas no mofo.

Valsa

escalpelada,
a madrugada não cessa sob a neblina,
onde os tolos se banham e se mofam
se banham e se mofam se banham e se mofam

Cavidade/Caritas

sopro

oco

sopro

oco

nublado o céu da minha boca,

pela hóstia do Senhor.

Há

a
arar
o
ar
assoviando,
engasgou-se com a terra.

Acontece.

Um latifúndio de preguiça
entre facadas,
carcaças,
zombarias,
partiu-se, despencou.

Atônita,
a gente não sabia se era multidão.

Lábios e Astrolábios

Voltou como um macaco,
desses que foi ao espaço sem pisar na Lua.

Ciente da fugacidade do cão,
lambeu os beiços.

Nas estrias,
das hipérboles,
dos dias,

passeia,
feito espasmo,
sobre o chão.

Levava peças de quebra-cabeça nos bolsos,
crente de que encaixes,
acasos tectônicos,
lhe trairiam ardor.

Segredaram-lhe.

Secretaram-lhe.

Segregaram-lhe.

E depois o levaram para passear.

Apalpou-se.
Era corpo de baile.
Definitivamente.

Todo dia, coloco pedras de gelo em meus sapatos.
Hoje,
não derretem.
Eu passo,
assoviando para disfarçar.

Sobre o Autor:

Guilherme Delgado também é diretor de teatro e pesquisador no campo das artes. Nasceu em 1986, no Rio de Janeiro.